L. LAFFERRE

Un Projet transactionnel
de Réforme électorale

avec une Préface de

Henry BÉRENGER

—✳—

PARIS

ÉDITIONS DE LA LIGUE D'UNION RÉPUBLICAINE
pour la Réforme Électorale
BOULEVARD DE STRASBOURG, 38

1912

Ligue d'Union Républicaine pour la Réforme Electorale

SIÈGE : 38, Boulevard de Strasbourg, PARIS (X°)

Téléphone { 424-90
424-91

Je, soussigné, ... *déclare*
donner mon adhésion à la **Ligue d'Union Républicaine pour la Réforme**
Electorale.

Profession ....

Adresse.. à..

Département ....

Signature ....

Prière d'indiquer les comités politiques dont vous faites partie ou les fonctions publiques que vous exercez.

L'adhésion à la Ligue ne comporte aucune cotisation.

L. LAFFERRE

Un Projet transactionnel de Réforme électorale

avec une Préface de

Henry BÉRENGER

✳

PARIS

ÉDITIONS DE LA LIGUE D'UNION RÉPUBLICAINE
pour la Réforme Électorale

38, BOULEVARD DE STRASBOURG, 38

—

1912

F

PRÉFACE

Depuis plus de quinze ans déjà, mon éminent collaborateur et ami, Louis Lafferre, combat aux avant-gardes de la République laïque et sociale. Libre penseur résolu, démocrate ne connaissant d'autres disciplines que celle de la raison, ni d'autres limites que celles de la justice, Lafferre, sans cesse réélu député de l'Hérault, a été successivement Président du Conseil de l'Ordre du Grand-Orient de France, Président du Comité Exécutif du Parti Radical et Radical-Socialiste, Ministre du Travail. Il est aujourd'hui l'un des Vice-Présidents de notre Ligue d'Union Républicaine pour la Réforme Electorale.

. La brochure que Lafferre publie aujourd'hui, composée d'articles parus en série dans l'Action et qu'il a bien voulu me demander de préfacer en quelques mots, apporte aux républicains, à tous les républicains, une preuve nouvelle que les partisans de la Réforme Electorale ne mettent dans ce grand débat aucune intransigeance, aucun sectarisme, aucune passion personnelle ni imprudente.

Le tiers-projet que propose Lafferre aux Ligueurs de la rue Las Cases et à ceux du boulevard de Strasbourg aurait pour conséquence principale de remplacer la R. P. par la R. M. c'est-à-dire la représentation proportionnelle par la représentation des minorités.

Autrement dit, la transaction proposée par notre ami consiste à renforcer le principe majoritaire du projet de loi voté par la Chambre, tout en sauvegardant l'essentiel des dispositions minoritaires.

Le Sénat acceptera-t-il cette transaction ?

C'est le secret de demain et, plus qu'aucun autre, je ne commettrais pas l'impertinence de préjuger des délibérations qui vont s'ouvrir devant la Haute Assemblée.

Ce qu'il m'est permis de dire ici, c'est que, dans un problème d'une solution aussi complexe que sa donnée est simple, Laferre apporte des éléments précieux de critique et d'approximation.

Quand le recul du temps aura calmé l'acuité des batailles actuelles autour de la réforme électorale, on s'apercevra que ceux qui les livrent avec bonne foi et talent ont honoré la République Parlementaire et, parmi ceux qui lui auront fait le plus d'honneur, nul ne peut douter dès aujourd'hui que Louis Laferre ne doive figurer au premier rang, celui du **caractère** et de la raison.

Henry BERENGER.

·I·

Le Droit des minorités

La longue discussion qui s'est engagée sur la réforme électorale aura eu au moins l'avantage de pousser le débat à fond et de ne laisser aucune question dans l'ombre.

Les titres des minorités à une représentation ont été contestés. On les a traduites à la barre du droit politique. On les a sommées de justifier leurs prétentions devant le suffrage universel.

Il s'est trouvé des polémistes pour soutenir très courageusement que les minorités n'avaient qu'un droit, celui de devenir majorités. C'est brutal, mais c'est net. Et je reconnais que l'affirmation peut se soutenir, même sans paradoxe.

Un fait domine la théorie : c'est que ces minorités existent avec le scrutin d'arrondissement et qu'elles ont des représentants. Ils sont même assez nombreux pour prétendre parfois à l'arbitrage entre les fractions de la majorité. On nous répond : « Le but du suffrage universel, c'est de leur rogner chaque jour une part de représentation, c'est de les diminuer progressivement. Et la limite de cette diminution ne peut être que le zéro, symbole du triomphe intégral des majorités. La bataille électorale n'a qu'un enjeu, c'est la défaite de l'adversaire, qui doit aller, en bonne logique, jusqu'à son anéantissement. »

Je réponds que cette théorie ne prévaut par contre la représentation des minorités. Puisque le découpage obligatoire du pays en circonscriptions leur permet de vivre et de vaincre, selon l'état politique des régions, qu'importe la répartition des sièges sur l'ensemble du territoire, si le total doit rester le même ?

On nous objecte que cette représentation des minorités est une nécessité que l'on subit, mais que l'on n'a ni prévue ni voulue et que l'on travaille à faire disparaître.

On peut répondre que la tendance peut rester la même et que la lutte des partis, même dans le sein d'une même circonscription, aura toujours pour objet la prédominance illimitée des majorités grandissantes qui peuvent s'assigner pour but la suppression des minorités.

Je conviens qu'en système de R. P. intégral, qui veut réaliser une sorte de photographie du pays, les minorités ont bien peu de chances d'être entièrement éliminés et qu'elles conserveront longtemps une représentation.

Mais la R. M., qui exige d'elles une existence réelle et un contingent de forces appréciable, la R. M., qui ne leur donnera que les sièges qu'elles auront légitimement conquis par leur propagande et par leur discipline, la R. M. sera, entre les mains des partis organisés, un instrument de combat aussi puissant et plus efficace que l'actuel scrutin majoritaire.

Avec elle, une opinion politique qui sera sur le déclin, qui aura sombré presque totalement sur l'horizon politique, ne viendra pas offrir ses débris maquillés comme un appoint à d'autres minorités encore embryonnaires, pour les aider à triompher par l'équivoque du parti politique prépondérant. Les coalitions, si immorales et si décevantes pour la démocratie, ne resteront plus que des exceptions audacieuses et cyniques..

Et si, du point de vue de la pratique politique, nous nous élevons à la théorie, la représentation des minorités me paraît indiscutable. Si la France pouvait pratiquement se gouverner elle-même, ce seraient tous les citoyens, réunis en leurs comités, qui délibéreraient, décideraient, voteraient les lois et en contrôleraient l'exécution.

Tous les partis, jusqu'aux plus infimes nuances de l'opinion, y prendraient part et feraient entendre leur voix dans ces assemblées, purement imaginaires, puisqu'il n'est pas possible d'en concevoir la réunion.

Mais comment soutenir alors sérieusement que le jour où, par nécessité, ces millions de citoyens se font représenter par des délégués, il ne peut être fait aucune place aux opinions minoritaires, fussent-elles distancées d'une voix unique par l'opinion majoritaire ?

Comment soutenir, sans jouer du paradoxe, que l'opinion de la majorité a seule qualité pour s'exprimer dans les Assemblées délibérantes et que le dernier mot de la démocratie, c'est le silence des oppositions ?

Si l'on considère surtout qu'il s'agit ici, non de mandats définis et précis, mais de représentation d'opinions et de programmes, l'intérêt du progrès démocratique n'est-il pas d'appeler au débat les opinions contradictoires, au moins dans la mesure où elles ont encore crédit dans le pays

Considérez, en effet, en poussant le système majoritaire jusqu'à ses extrêmes limites, en admettant que la France formât une immense circonscription électorale, le cas où une coalition de révolutionnaires et de réactionnaires s'emparerait de l'universalité de la représentation nationale. Que serait une pareille Chambre et quelles décisions communes pourrait-elle prendre ? Elle serait pourtant la majorité légale, régulière, souveraine, au sens majoritaire pur.

Serait-elle vraiment l'expression de la volonté du pays ?

La R. M. a précisément pour but de rendre impossibles de pareilles alliances. Elle réalisera la justice. Elle réalisera aussi la probité. Loin de supprimer les luttes des partis, elle les rendra plus nettes, plus fécondes, plus honnêtes.

Comme aujourd'hui, tous les partis seront représentés, mais avec leurs forces réelles, leurs étiquettes connues, leurs programmes précis. Si les républicains le veulent, l'ère des équivoques et des compromissions sera close.

II

R. P. et R. M.

Les proportionnalistes purs et les adversaires de la réforme électorale affectent de confondre deux conceptions très différentes, à notre avis : la R. P. et la R. M. Les premiers, un peu déçus par l'échec de leur formule intégrale devant la Chambre, ont intérêt à établir la confusion, afin de faire croire qu'il n'y a là qu'une question de mots et d'incliner, à la faveur de cette équivoque, les divers articles de la réforme vers leur conception primitive. Nous verrons par la suite qu'ils y ont partiellement réussi. Les seconds abondent dans leur sens, avec un dessein tout opposé, celui de se refuser à tout changement ou du moins à toute transaction sur le système majoritaire. Ils se plaignent d'avoir été pris pour dupes et refusent toute représentation aux minorités, sous prétexte qu'on les conduit, sous un vocable nouveau, à la pure doctrine de M. d'Hondt.

Quelque opinion que l'on ait sur la réforme électorale, on n'a pas le droit de se refuser à comprendre ce qui est très net et à distinguer ce qui est très distinct. La R. P. est une conception arithmétique de la représentation électorale, dont le but théorique est l'approximation la plus complète possible des effectifs des partis et de leur représentation intégrale. C'est une sorte de photographie du pays, dont le mérite consisterait à faire valoir les plus infimes nuances des opinions et à les fixer à tout moment sur la carte électorale du pays. OEuvre de justice et de vérité ! dit-on. OEuvre de statistique superficielle, répondrons-nous, sans couleur et sans vie, où tout est apparence, où la rigueur des chiffres voile la confusion des faits et des idées, où les grands courants d'opinion s'estompent derrière la marqueterie des étiquettes et qui ne donne pas plus la physionomie politique d'un pays que le numérotage des muscles de la face ne donne l'idée de la figure humaine !

Combien différente est la R. M. ! Elle se propose de donner, partout où elles existent réellement, partout où elles influencent réellement l'opinion, partout où elles sont organisées et disciplinées, une certaine représentation à des forces qui, si on leur refuse le moyen de se montrer telles qu'elles sont, iront servir d'appoint à des coalitions disparates, sous lesquelles ont succombé tant de fois les véritables majorités politiques. Si l'on peut parler en cette matière de justice et de vérité, la justice est dans un système électoral qui dira dans quelles conditions et dans quelle mesure une minorité mérite d'être représentée, la vérité est dans une organisation électorale qui

oblige les partis d'opposition à jeter
bas les masques et à combattre à vi-
sage découvert.

Une des erreurs des proportionnalistes, c'est de s'imaginer que l'attribution
des sièges au Parlement doit être la
simple constatation d'un chiffre et la
distribution au marc le franc de la
manne électorale. Le fameux système
de l'attribution interdépartementale des
restes, inventé par M. Jaurès, et un
moment patronné par le gouvernement,
dérivait de cette conception étrange,
qu'il suffisait de ramasser un peu partout les bribes d'un parti et de les
mélanger au petit bonheur pour lui
assurer des suppléments de représentation.

Or, ce qu'il faut répéter bien haut,
c'est que la représentation nationale
doit être le résultat de l'effort, de la
discipline et de la propagande d'un
parti. Les élections sont des batailles.
Il faut qu'il y ait des vainqueurs et des
vaincus. La lutte des idées et la marche
du progrès l'exigent. Voilà pourquoi le
système majoritaire est l'expression la
plus simple et la plus indiscutable de la
justice, s'il est vrai que la justice ne se
sépare pas de l'idée de récompense et
de châtiment.

Ce que l'on n'a pas suffisamment
mis en lumière, c'est que la R. M., à
la considérer sous un certain aspect,
n'est qu'une des modalités de l'idée
majoritaire elle-même. Avez-vous re-
marqué que dans le système électoral
actuel il entre un peu d'arbitraire et
que la part de la convention est assez
large dans une organisation qui se fait

un mérite de son exactitude un peu brutale ?

Ainsi, au premier tour de scrutin, il ne suffit pas d'avoir la majorité absolue pour être élu. Il faut réunir le quart des inscrits. En revanche, au deuxième tour de scrutin, la majorité relative suffit sans conditions. De sorte qu'il est arrivé à des candidats d'être élus avec une diminution sensible sur leurs voix du premier tour.

Question de convention, de dispositions légales, expression de la volonté du Parlement ! Soit ! Mais pourquoi s'écrier que l'on porte atteinte au principe majoritaire, parce que l'on pourrait décider qu'une liste arrivée à un certain *quantum* légal aurait droit à une certaine représentation ? Est-ce qu'il n'y a pas là, au fond, une application du principe majoritaire, puisque l'on refusera à une liste arrivée avec une voix de moins que le *quantum* ce qu'on accordera à la liste qui aura dépassé le *quantum* d'une voix ? Ne convient-il pas de voir dans cette proposition une sorte d'élargissement de la représentation des minorités, qui ne porte aucune atteinte au principe majoritaire, mais qui crée, dans un esprit de justice, une de ces *dérogations* que les lois les plus rigoureuses admettent toujours ?

Je viens d'indiquer par là même le caractère de la R. M. C'est une *dérogation* à la loi majoritaire, dérogation suggérée par les circonstances, par le mouvement des idées, par la nécessité d'innover.

Au fond, le système que nous préco-

nisons est majoritaire en son essence.
Il proclame la souveraineté de la majorité, il lui accorde toute la représentation, excepté une part déterminée,
conventionnelle, sans doute, mais équitable et rationnelle aussi, que la minorité paraît avoir légitimement conquise
dans la circonscription électorale.

Toute la question est de savoir si
l'on peut déterminer cette part selon
la raison et selon l'équité.

III

Les Principes de la Réforme

Il est impossible de faire accepter par le pays un texte de réforme électorale, si l'on n'obtient d'abord son adhésion à un certain nombre d'idées générales de principes clairs et simples, qui s'imposent à son esprit avec l'autorité de l'évidence et dont il puisse lui-même contrôler sans efforts l'application.

Les proportionnalistes invoquent sans cesse l'idée de justice, qu'ils paraissent confondre volontairement avec l'idée d'exactitude arithmétique, de constatation matérielle de chiffres auxquels doit correspondre, selon eux, un nombre aussi approché que possible de représentants.

Cette méthode, d'apparence positive, constitue au fond une grosse illusion. Elle perd de vue le but même des luttes d'idées, des batailles électorales, qui est la conquête, non d'un chiffre quelconque de voix, mais d'une majorité, à laquelle s'attachent souveraineté, action prépondérante, réalisation de programmes, droit de gouverner.

Les majorités ont des droits exclusifs, qui ne se mesurent pas proportionnellement au chiffre de voix, qui ne comportent pas d'échelle graduée, mais dont elles disposent entièrement, par le seul fait qu'elles sont majorités, ne fût-ce que d'une voix.

Et voilà pourquoi on ne peut comparer exactement les chiffres des majorités et ceux des minorités. Ceux-là priment ceux-ci, non pas mathématiquement, mais moralement. Ils ne représentent pas plus, mais autre chose. Ils expriment des droits spéciaux et non une question de plus ou de moins.

En droit strict, la majorité pourrait être tout, la minorité rien. Ce qu'elle lui accorde ne peut avoir que le caractère d'une concession ou, si l'on veut, de la reconnaissance volontaire d'un titre jugé par elle suffisant à l'octroi d'une certaine représentation.

Le tort des proportionnalistes, ç'a été de renverser les rôles et de présenter la prime à la majorité comme un cadeau bénévole consenti par les minorités.

Je comprends que les majoritaires se soient irrités de tant de présomption. Ils avaient l'air d'être devenus les obligés de ceux à qui ils ne devaient rien et qui avaient tout au plus le droit de leur demander quelque chose.

Le retour à la véritable notion de la R. M. permet de dégager certaines notions simples, issues du pur bon sens et de la plus élémentaire justice.

La première, c'est qu'un système électoral serait absurde, s'il pouvait se faire que la majorité absolue des voix n'obtînt pas *au minimum* la majorité absolue des sièges.

Cette notion était si impérieusement juste, qu'elle parut puérile à certains. Et pourtant, les calculs erpéistes étaient si subtils que, dans les départements à nombre de députés pair, la majorité absolue pouvait avoir le même nombre de sièges que la minorité.

Une seconde notion, qui n'a pas été mise en lumière dans le texte, mais qui découle logiquement de la première, c'est que la majorité relative des voix doit avoir la majorité relative des sièges *au minimum*.

En d'autres termes, une liste ayant obtenu un chiffre de voix supérieur aux autres doit avoir au moins un siège de plus que l'une quelconque des autres listes.

Contester ce droit, c'est nier le principe majoritaire, c'est retourner hypocritement vers la R. P., en affectant d'oublier que l'on a voté la R. M.

La troisième notion, qui me paraît devoir être mise au-dessus de toute contestation, c'est qu'un droit à une représentation quelconque ne peut être ouvert à aucune minorité, si elle n'a pas atteint ou dépassé un certain quantum fixé par la loi. On pourra discuter sur le chiffre de ce quantum.

Certains proposent le quart des électeurs inscrits, d'autres un chiffre forfaitaire. Nous expliquerons par la suite pourquoi le quotient nous paraît être la véritable mesure de l'équité électorale pour les minorités.

Ce qui est, en effet, inadmissible, c'est la prétention d'une liste à une représentation dans tous les cas, pourvu que sa moyenne soit supérieure à celle d'une autre liste, et qu'il reste des sièges à pourvoir.

Le dernier paragraphe de l'article 21 a. pourtant consacré cette prétention.

Il y est dit que la majorité absolue des voix une fois pourvue de la majorité absolue des sièges, les sièges restants seront répartis entre les autres listes selon le procédé des moyennes.

C'est là une véritable usurpation. Il faut admettre qu'aucune des listes qui sont restées en deçà du quotient ne mérite d'être représentée et que c'est la prérogative de la majorité absolue ou relative d'emporter les sièges restants.

N'appartenant à personne, ils ne peuvent avoir qu'un prétendant, la majorité, parce qu'aucune des listes à qui elle aurait pu la concéder, n'a rempli les conditions légales de l'entrée en posssion.

On ne saurait trop insister sur la clarté logique et sur l'équité d'un tel système.

Il y a plus, il échappe à l'un des principaux griefs que l'on formule contre la R. P. On l'accuse de briser l'élan des partis, parce qu'elle ne leur offre aucun but précis qui soit digne de leurs efforts. Les électeurs, dit-on, se désintéresseront d'un scrutin qui n'a d'autre objet qu'un dénombrement des forces des partis.

Il n'y aura aucun intérêt urgent à grossir plus ou moins le chiffre des voix.

Avec la R. M., l'enjeu de la bataille se précise. Les partis de majorité stimuleront le zèle de leurs partisans en leur assignant la conquête de la majorité absolue. Les minorités avides de se compter diront à leurs électeurs : « Groupez-vous ; disciplinez-vous pour atteindre au chiffre légal, en deçà duquel nous ne pouvons prétendre à rien. »

Quel doit être ce chiffre ? Nous le discuterons dans un prochain article.

IV

Le Quotient

Nous avons expliqué, dans notre dernier article, pour quelles raisons politiques nous n'admettions par le quotient comme mesure du droit de la majorité. Nous affirmons encore ici ce droit prééminent, qui se suffit à lui-même et qui ne souffre pas de commune mesure avec celui des minorités.

Notre amendement à l'article 21 du projet de la loi avait fixé notre pensée dans une formule dont on a bien voulu reconnaître la netteté : A la majorité absolue des voix la majorité absolue des sièges. Mais cette formule, adoptée trop tard et fondue dans un texte un peu compliqué, n'est apparue que comme une modalité secondaire de la réforme. Nous entendons d'abord en faire la base de la réforme, puis la renforcer en l'appliquant à la majorité relative. Dans notre esprit, majorité absolue et majorité relative ont droit à tous les sièges, excepté à ceux que la reconnaissance d'un droit nouveau attribue, aux minorités, dans des conditions déterminées.

Notre amendement ne représente qu'un minimum, qui doit être attribué à la majorité dès qu'elle est constatée et avant même qu'une minorité puisse émettre une prétention.

Que faut-il exiger des minorités pour leur donner une représentation ?

On nous concèdera que ce qu'il importe de fuir avant tout, en cette matière, c'est l'arbitraire. Mieux vaudrait refuser tout et maintenir le système majoritaire dans toute sa rigueur que d'adopter un système qui ne satisfît pas l'esprit et qui ne forçât pas l'adhésion de tous les hommes de bonne foi. Si l'on admet une dérogation au système majoritaire, il faut qu'elle soit rationnelle. Si l'on veut faire une concession, il ne faut pas qu'elle ressemble à un cadeau fait de mauvaise grâce : il faut qu'elle soit la reconnaissance volontaire et réfléchie d'un droit ou tout au moins d'une réclamation légitime.

Voilà pourquoi l'idée d'un forfait, quelle qu'en soit l'importance, nous paraît inacceptable. Il ouvrirait la porte à de nouvelles discussions, au cours desquelles les minorités se donneraient le beau rôle, en invoquant la raison et l'équité, et trouveraient dans la maladresse même de cette concession la justification de toutes les coalitions.

D'autres ont proposé d'exiger des minorités le quart des électeurs inscrits. Cette proposition a pour elle une base légale, puisque c'est une des conditions actuellement exigées pour une élection au premier tour. Mais il n'y a guère de rapport. Outre qu'il y a quelque exagération à exiger d'une minorité une condition que l'on n'exige même plus des majorités au second tour, on conviendra qu'il y a aussi quelque injustice à faire dépendre la représentation des minorités de l'arbitraire administratif, qui préside trop souvent à la confection des listes, de la négligence des électeurs peu enclins à voter, de l'indifférence politique qui fait que bien des personnes ne réclament même pas leur inscription. Il est naturel que ce soient les électeurs actifs qui déterminent le sort des représentants.

Les électeurs inscrits, c'est le suffrage universel en puissance ; les votants, c'est le suffrage universel en mouvement.

Le quotient me paraît être la véritable expression de la vie et de l'activité du suffrage universel. Tout le monde conçoit aisément que la masse des votants soit divisée en autant de tranches qu'il y a de députés à élire. On admet également sans trop de peine, si du moins l'on est partisan d'une R. M., que toute liste qui réunit une de ces fractions des votants doit être pourvue d'un siège. C'est cette fraction qu'on appelle le quotient.

On s'explique qu'on l'ait repoussé comme mesure du droit des majorités. Mais où trouvera-t-on, je le demande, un critérium plus exact pour juger les titres d'une minorité ?

Il suffit, pour dissiper les derniers doutes, de raisonner par analogie. On admet actuellement que si un département est divisé en sept circonscriptions, par exemple, un candidat qui a obtenu la moitié plus un des votants au premier tour dans une circonscription, a droit au septième de la représentation de ce département. Il n'est pourtant l'élu que de la quatorzième partie en moyenne des votants du département.

Ne peut-on pas considérer, au lieu du département divisé territorialement, la masse électorale du département, divisée en autant de fractions qu'il a de députés à élire ? Ne peut-on pas, par analogie, considérer comme équitable l'attribution d'un siège à une liste qui aura obtenu, non plus le quatorzième seulement, mais le septième en moyenne de la masse des votants du département ?

Cette conception du quotient me paraît devoir obtenir l'assentiment de tous les partisans sincères d'une représentation des minorités.

Le quotient, c'est la mesure vraie de la R. M. Les minorités ne peuvent accepter moins sans se déclarer lésées, elles ne peuvent exiger plus sans usurper le droit des majorités.

Un système électoral ainsi défini peut soulever des objections. Mais il est certainement fondé en raison et exempt d'inquiétudes pour la démocratie.

V

L'Apparentement

Lorsque M. Painlevé imagina ou reprit l'idée de l'apparentement, ce fut une vraie joie au camp des antiproportionnalistes. On croyait avoir trouvé l'antidote de la R. P. « Avec cette garantie, disait-on, la réforme n'offre plus de péril sérieux pour le parti républicain. C'est la vieille discipline républicaine s'exerçant dès le premier tour de scrutin et effaçant les fâcheux effets de la division entre républicains. »

Ce qui est à noter, c'est que les républicains opposés à la R. P. raisonnaient ainsi alors qu'il ne s'agissait que de l'attribution des restes le quotient, que personne alors ne contestait, ayant déjà joué pour la répartition des premiers sièges entre toutes les listes, sans tenir compte d'aucun apparentement.

Ce fut le premier mouvement.

Puis, la réflexion vint, et l'esprit critique s'éveillant, on s'avisa que, si l'apparentement réalisait l'union des républicains, il permettait aussi les coalitions.

La nécessité de se déclarer publiquement et à l'avance ne les empêcherait pas de se nouer, affirmait-on, pourvu qu'on leur fournît une raison d'être ou même un prétexte plausible. Cette critique impressionna les républicains : leur enthousiasme tomba, ils se crurent victimes d'une illusion, et comme les socialistes et la droite étaient unis aux adversaires irréductibles de la réforme contre cet amendement majoritaire, tout l'effort de M. Painlevé se brisa contre le parti pris des uns et contre le désarroi des autres. L'apparentement succomba.

Il devait survivre à cette première défaite et prendre sa revanche en seconde lecture, grâce aux efforts combinés de la commission et du gouvernement, qui eurent raison de l'intransigeance des extrêmes et de la méfiance d'un grand nombre de républicains.

C'est que l'idée était claire et correspondait à une nécessité pratique, à des circonstances de fait, dont il faut que les républicains se pénètrent, s'ils veulent chercher un terrain de conciliation.

Il est malheureusement certain que la vieille concentration républicaine est morte. A mesure que le parti républicain grandissait, ses divisions s'accentuaient. Aujourd'hui, elles sont définitives et irrémédiables Que dis-je ? Elles sont la conséquence logique et même désirable du triomphe des idées républicaines. Aussi longtemps que la République a eu l'unique souci de défendre son existence, elle a groupé tous les éléments de son parti pour les opposer en bloc à l'effort des partis de réaction. Maintenant, l'obligation de définir son idéal dans toutes ses nuances l'a poussée à la création de groupes et de sousgroupes qui ont commencé par se séparer, qui ont continué par se combattre et qui finissent par recourir à l'arbitrage de la réaction pour écraser leurs amis et leurs alliés naturels.

L'apparentement a été un essai loyal de réconciliation des partis de gauche sur la base de la logique et de l'équité.

Les républicains appartiennent à différentes écoles, mais ils conservent un air de famille, dû à une communauté d'origine et d'idéal. Leur permettre de se grouper sans se confondre, de combattre sous leur fanion particulier, mais à l'abri du drapeau de la démocratie, leur assurer au sein du groupement volontairement formé une représentation proportionnelle à leurs forces, tel est le but et l'idée maîtresse exprimée par le néologisme un peu lourd de l'apparentement.

Certes, il est loisible aux partis extrêmes d'en faire un usage pervers. Si socialistes et réactionnaires se reconnaissent des liens de cousinage, ils peuvent sceller cette impossible alliance. Mais il faudra qu'ils le déclarent publiquement et qu'ils forcent l'adhésion de leurs troupes. Il ne peut y avoir dans leur cas ni surprise ni dissimulation. Qu'ils l'osent seulement, ils en accepteront tous les risques.

Mais l'abus que l'on peut faire d'un droit légitime ne prouve rien contre ce droit lui-même.

Nous voudrions seulement en étendre l'exercice et l'adapter aux principes exposés dans nos précédents articles avant d'être fixés dans un texte.

L'apparentement n'a joué que pour les restes. Les listes apparentées ont le droit de les mettre en commun pour former le quotient et conquérir autant de sièges en plus que leurs restes contiennent de fois ce quotient.

Dans le système que nous proposons, il ne peut être question de restes. L'apparentement doit s'appliquer à la répartition des sièges entre les listes groupées pour la conquête de la majorité absolue et de la majorité relative, puis aux groupements de listes de minorités formés pour la conquête d'un ou de plusieurs quotients, étant admis que les sièges restants reviennent au groupement des listes de majorités.

Dans l'un et dans l'autre cas, il est évident que le seul système de répartition équitable entre les listes groupées est le système des moyennes.

Ceux qui proposent d'appliquer d'abord le quotient à chacune des listes groupées et de faire jouer le système des moyennes pour les sièges restant acquis au groupement ne s'aperçoivent pas qu'ils disqualifient l'apparentement lui-même, qui serait une illusion et une duperie pour les listes les plus faibles, condamnées par là à servir d'appoint sans aucune espérance de représentation.

Ou il faut renoncer à l'apparentement, ou il faut appliquer à toutes les listes le même procédé de répartition. Car elles forment un bloc, dont les éléments peuvent se distinguer les uns des autres, mais qui doivent avoir une valeur égale au point de vue politique et au point de vue moral. Une différence de traitement ne s'expliquerait pas et compromettrait les résultats féconds de l'association des républicains.

Nous dirons dans un prochain article comment, à notre sens, il eût fallu écrire l'article 21 du projet de la Chambre, pour qu'on pût en saisir d'un coup d'œil les dispositions essentielles.

Nous montrerons ensuite quelles modifications il convient d'y introduire pour en faire un système majoritaire avec représentation équitable des minorités, au lieu d'un compromis incertain entre la R. P. et la R. M.

VI

Comment il faudrait rédiger
le texte de la Chambre

Si l'on veut sincèrement trouver une transaction entre les partisans et les adversaires de la R. P., si l'on a le souci de faire accepter un texte nouveau par ceux qui ont voté celui de la Chambre, il ne faut pas songer à le créer de toutes pièces. Quelque brillant que soit le rôle d'inventeur génial, il n'est pas très enviable en cette matière, parce qu'il n'aboutit à aucun résultat pratique.

L'effort utile doit consister à partir de ce qui est acquis pour viser à ce que l'on croit être meilleur et y amener par une adhésion volontaire ceux que l'on aura réussi à convaincre. Mais la première condition du succès, c'est de rendre hommage à la pensée de ses contradicteurs, en leur prouvant qu'on a essayé de les comprendre et qu'on s'est pénétré de bonne foi de leur conception avant de la modifier.

Or, on ne se pénètre bien de la pensée des autres que lorsqu'on se l'est traduite à soi-même dans une forme correspondant à la conduite propre de son esprit, dans un ordre qui satisfasse son besoin de clarté.

En d'autres termes, nous cherchons une expression plus limpide et plus logique au texte de l'article 21, en respectant scrupuleusement la pensée de ses rédacteurs et de la Chambre qui l'a voté.

Nous voudrions qu'on pût le saisir d'un coup d'œil, tant nous sommes convaincus de l'importance des questions de rédaction pour dissiper les préventions et atténuer les hostilités.

Rappelons d'abord le texte de l'article 21.

Il suffit de relire ce texte pour constater que la Chambre s'est préoccupée d'abord de pourvoir toutes les listes sans distinction des sièges qui leur sont dévolus en vertu du quotient.

Puis elle a songé aux groupements de listes, mais seulement pour mettre en commun leurs restes en vue de la conquête d'un ou de plusieurs quotients nouveaux et par conséquent de l'attribution en commun d'un ou de plusieurs sièges nouveaux (troisième paragraphe). C'est l'apparentement, proposé par l'amendement Landry (première partie), appuyé par le gouvernement et par la commission. Remarquons bien que, dans le système de la Chambre, l'apparentement ne joue que pour l'utilisation des restes.

Les droits de la majorité absolue du nombre des votants ne se dégagent qu'au quatrième paragraphe, et dans des limites très restreintes, puisqu'on se borne, conformément au texte de notre amendement, pris dans un sens restrictif, à garantir à la majorité absolue des votants la majorité absolue des sièges, sans qu'un seul siège puisse lui être attribué au-dessus de cette majorité absolue, comme le demandait l'amendement Landry (deuxième partie), appuyé par le gouvernement, mais repoussé par la commission.

Tout ce qu'elle obtient au-delà de cette majorité absolue des sièges, il faut qu'elle l'ait conquis mathématiquement, soit par l'apparentement, indiqué au troisième paragraphe, soit par le procédé des moyennes, comme il est dit au cinquième paragraphe.

Telles sont, analysées aussi exactement que possible, les décisions de la Chambre.

Tenons-les pour acquises et présentons-les en formules aussi bien coordonnées que possible.

Il s'agit d'affirmer d'abord les droits de la majorité absolue dans les limites voulues par la Chambre.

Laissons le premier paragraphe à sa place : il décrit une opération préliminaire nécessaire.

Les droits des majorités étant fixés, au quatrième paragraphe, nous proposons de lui donner la seconde place et d'en rédiger la première partie comme il suit :

La majorité absolue du nombre des sièges est attribuée d'abord à la liste ou au groupement de listes ayant obtenu la majorité absolue des votants.

Mais comme il peut arriver que la majorité absolue de votants contienne assez de fois le quotient pour avoir droit à un ou plusieurs sièges en sus de la majorité absolue des sièges, en vertu du paragraphe 2, il convient d'ajouter immédiatement à ce texte une deuxième phrase, ainsi conçue :

Si ce nombre de sièges est inférieur à celui auquel la majorité absolue au

*rait droit par le système du quotient,
on lui attribue atant de sièges qu'elle
contient de fois le quotient.*

La part de la majorité étant ainsi
fixée, sauf nouvelles attributions possibles en vertu du cinquième paragraphe,
devenu le troisième, on détermine la
première attribution des sièges aux minorités, par listes et selon le système
du quotient.

La rédaction, légèrement modifiée,
serait la suivante :

Chacune des autres listes reçoit autant
de sièges que le nombre des suffrages
de cette liste contient de fois le quotient
électoral.

Le troisième paragraphe, devenu le
quatrième, s'applique aux groupements
de listes de minorités, les listes isolées
étant déjà pourvues en vertu du paragraphe précédent.

La rédaction, légèrement modifiée, serait la suivante :

Il est attribué, ensuite, à chacun des
groupements de *ces* listes, autant de
sièges que la somme des restes de ces
listes contient de fois le quotient électoral.

Le cinquième paragraphe est une concession au système de la R. P. pure et
simple. Il peut avoir pour résultat de
donner un siège à des listes qui n'ont
même pas obtenu le quotient. Nous
avons expliqué pourquoi nous ne l'admettions pas.

Nous dirons, dans un prochain article, quelles modifications le projet devrait subir pour offrir à la discussion
un texte transactionnel.

Voici le texte de la Chambre et la rédaction proposée par nous de ce même texte :

ART. 21

TEXTE DE LA CHAMBRE

1. *La commission détermine le quotient électoral en divisant le nombre total des votants par le nombre des députés à élire dans la circonscription.*

2. *Chaque liste reçoit autant de sièges que le nombre des suffrages de cette liste contient de fois le quotient électoral.*

3. *Il est attribué ensuite à chacun des groupements de listes autant de sièges que la somme des restes de ces listes contient de fois le quotient électoral.*

4. *Puis un siège est attribué à la liste ou au groupement de listes ayant obtenu la majorité absolue du nombre des votants, si cette liste ou ce groupement de listes n'a pas déjà obtenu la majorité absolue du nombre des sièges.*

5. *S'il reste encore des sièges à pourvoir, ils sont répartis par le procédé des moyennes entre les groupements de listes et les listes isolées.*

ART. 21

AUTRE RÉDACTION PROPOSÉE

1. *Sans changement.*

2. *La majorité absolue du nombre des sièges est attribuée d'abord à la liste ou au groupement de listes ayant obtenu la majorité absolue des votants. Si ce nombre de sièges est inférieur à celui auquel elles auraient droit par le système du quotient, on leur attribue autant de sièges qu'elles contiennent de fois le quotient.*

3. *Chacune des autres listes... le reste sans changement.*

4. *Il est attribué ensuite à chacun des groupements des groupements de ces... le reste sans changement.*

5. *Sans changement.*

VII

Comment il faudrait modifier le texte de la Chambre

Les modifications que nous proposons de faire subir au texte de la Chambre s'inspirent des principes que nous avons exposés dans les précédents articles : application générale de l'apparentement à la répartition de tous les sièges, reconnaissance des droits spéciaux de la majorité absolue et de la majorité relative, obligation pour les listes de minorités d'obtenir le quotient pour prétendre à une représentation, suppression de l'utilisation des restes et attribution des sièges encore à pourvoir, soit à la majorité absolue, soit à la majorité relative.

Pour la netteté de la rédaction, nous considérons séparément les droits de la majorité absolue et de la majorité relative dans leurs rapports avec les minorités. Nous traitons de la majorité absolue dans l'article 21 modifié et nous créons un article 21 *bis* pour la majorité relative.

Le paragraphe 1er du projet de la Chambre ne subit aucun changement ni dans son texte ni dans son numérotage.

Le paragraphe 4 devient le paragraphe 2.

La première partie est une rédaction différente du texte de la Chambre, auquel elle est identique au fond. C'est le

texte nouveau écrit dans notre précédent article. Il consacre la généralisation de l'apparentement et affirme le droit immédiat de la majorité absolue des voix à la majorité absolue des sièges. Il est ainsi rédigé :

« La majorité absolue du nombre des sièges est attribuée d'abord à la liste ou au groupement de listes ayant obtenu la majorité absolue des votants. »

La deuxième phrase de ce paragraphe prévoit le cas où la majorité absolue serait assez forte pour obtenir par le quotient un nombre de sièges supérieur à la majorité absolue des sièges. Par une extension du texte de la Chambre, nous proposons d'appliquer immédiatement aux groupements des listes la règle du quotient, que le texte de la Chambre réserve aux listes considérées séparément.

La rédaction serait la suivante :

« Si le nombre de sièges est inférieur à celui que la majorité absolue obtiendrait par le quotient, on lui attribue autant de sièges qu'elle contient de fois le quotient. »

Le paragraphe 2, devenu le paragraphe 3, règle le sort des minorités. La seule modification qu'il subit : « Chacune des *autres* listes ou *groupements* de listes... » a pour effet de limiter aux minorités l'application de ce paragraphe et de considérer, non seulement les listes, mais les groupements de listes, par analogie avec les listes ou groupements de listes ayant obtenu la majorité absolue, comme il est dit au paragraphe précédent.

Le paragraphe 3 est à supprimer. Cette suppression est la conséquence du paragraphe 2, qui étend l'usage du quotient aux groupements de listes toutes les fois que ces groupements de listes sont assez forts pour obtenir plus que la majorité absolue des sièges. L'opération indiquée par le paragraphe 3 du texte de la Chambre n'a donc plus aucun objet.

Le paragraphe 5 devient, par cette suppression, le paragraphe 4. Il repousse l'inadmissible prétention des listes ou des groupements de listes de minorités à un nombre de sièges supérieur à celui qui leur est dévolu par le quotient. Les sièges à pourvoir, s'il en reste, doivent être attribués à la majorité absolue. C'est l'esprit, sinon la lettre, de l'amendement Painlevé.

L'article 21 *bis* est une conséquence logique de l'article 21. Il est inadmissible que l'on ne fasse aucune différence entre la liste ou 'e groupement de listes qui est en tête et les autres.

Si la majorité absolue des voix revendique justement la majorité absolue des sièges, pourquoi la majorité relative ne serait-elle pas fondée à réclamer au minimum la majorité relative des sièges ? En d'autres termes, elle doit avoir, dans tous les cas, un siège de plus que la liste ou le groupement de listes qui la suit dans l'ordre d'importance.

Notre texte avise aux moyens de lui garantir cette juste part.

Le premier paragraphe affirme les droits de la majorité relative, en lui appliquant, comme à la majorité absolue, les règles de l'apparentement.

Le second paragraphe règle le sort des minorités dans les mêmes conditions que l'article 21 et attribue les sièges restants à la majorité relative. C'est l'esprit, sinon la lettre, de l'amendement Bouffandeau.

Le troisième paragraphe envisage l'hypothèse où, après l'attribution des sièges par le quotient à toutes les listes ou à tous les groupements de listes sans distinction, il ne resterait plus de sièges à pourvoir et où la majorité relative aurait un nombre de sièges égal à celui de la liste ou du groupement de listes la plus favorisée après elle. La justice électorale exigerait alors l'amputation d'un siège à la liste ou au groupement de listes le moins favorisé au bénéfice de la majorité relative.

On trouvera ci-après mis à la suite le texte de l'article 21 de la Chambre, le texte de l'article 21 modifié et complété par l'article 21 bis.

Article 21

Texte de la Chambre

1. La commission détermine le quotient votants par le nombre des députés à élire dans la circonscription.

2. Chaque liste reçoit autant de sièges que le nombre de suffrages de cette liste contient de fois le quotient électoral.

3. Il est attribué ensuite à chacun des groupements de listes autant de sièges que la somme des restes de ces listes contient de fois le quotient électoral.

4. Puis un siège est attribué à la liste ou au groupement de listes ayant obtenu la majorité absolue du nombre des votants, si cette liste ou ce groupement de listes n'a pas déjà obtenu la majorité absolue du nombre des sièges.

5. S'il reste encore des sièges à pourvoir, ils sont répartis par le procédé des moyennes entre les groupements de listes ou les listes isolées.

Article 21
Texte modifié

1 Sans changement.

2. La majorité absolue du nombre des sièges est attribuée d'abord à la liste ou au groupement de listes ayant obtenu la majorié absolue des votants. Si ce nombre de sièges est inférieur à celui que la majorité absolue obtiendrait par le quotient, on lui attribue autant de sièges qu'elle contient de fois le quotient.

3. Chacune des autres listes ou groupements de listes... le reste sans changement.

4. S'il reste encore des sièges à pourvoir, ils sont attribués à la liste ou au groupement de listes ayant obtenu la majorité absolue.

5. A supprimer.

Article 21 bis
(nouveau)

1. La majorité relative du nombre des sièges au minimum est attribuée à la liste ou au groupement de listes ayant obtenu la majorité relative des votants.

2. Dans ce cas, chaque liste ou groupement de listes reçoit d'abord autant de sièges que le nombre des suffrages de cette liste contient de fois le quotient électoral. Les sièges restants sont attribués à la majorité relative.

3. S'il ne reste pas de sièges à pourvoir et si la majorité relative n'a pas obtenu un siège de plus que la plus favorisée des autres listes, un siège est retranché à la liste ou au groupement de listes ayant obtenu le moins de voix, pour être attribué à la majorité relative.

VIII

Les Chiffres

Après les textes, les chiffres.

Nous les prendrons, pour la commodité de la discussion, dans la brochure que le groupe de la R. P. vient de publier « pour la réalité du suffrage universel ».

Nous ferons jouer successivement ces chiffres avec le texte de la Chambre, dont nous avons remanié la rédaction, et avec le texte nouveau que nous proposons de lui substituer.

Rappelons le texte de la Chambre avec la rédaction proposée par nous :

Art. 21

1° La commission détermine le quotient électoral en divisant le nombre total des votants par le nombre des députés à élire dans la circonscription.

2° La majorité absolue du nombre des sièges est attribuée d'abord à la liste ou au groupement de listes ayant obtenu la majorité absolue des votants. Si ce nombre de sièges est inférieur à celui que la majorité absolue obtiendrait par le quotient, on lui attribue autant de sièges qu'elle contient de fois le quotient.

3° Chacune des autres listes reçoit autant de sièges que le nombre des suffrages de cette liste contient de fois le quotient électoral.

4° Il est attribué ensuite à chacun des groupements de ces listes autant de sièges que la somme des restes de ces listes contient de fois le quotient électoral.

5° S'il reste encore des sièges à pourvoir, ils sont répartis par le procédé des moyennes entre les groupements de listes et les listes isolées.

Appliquons le texte aux chiffres de la brochure. Nous aboutissons évidemment au même résultat que le groupe de la R. P., mais par une méthode qui nous paraît plus simple et plus rationnelle.

Il s'agit d'un département qui a 72.000 votants.

Il y a 5 députés à élire.

Le quotient électoral est 14.500.

1er cas : apparentement

Liste A	....	31.500 voix
— B	....	13.300 —
— C	....	22.000 —
— D	....	5.700 —

Les listes A et B sont apparentées et réunissent ensemble 44.800 suffrages, c'est-à-dire la majorité absolue.

En vertu du paragraphe deuxième, je leur attribue immédiatement 3 sièges.

La liste C, isolée, a une fois le quotient. Je lui attribue un siège.

La liste D, ne contenant pas le quotient, n'a droit à aucun siège.

Il reste un siège à pourvoir.

J'applique le paragraphe 5.

Les moyennes sont les suivantes :

A et B groupées : 44.800 (3+1)= 11.200
C isolée : 22.000 (1+1)= 11.000
D isolée : 5.700 (0+1) = 5.700

Le 5° siège appartient au groupement des listes A et B, qui a la plus forte moyenne.

Les sièges se répartissent **donc de la** manière suivante :

Liste A .... 31.500 }
— B .... 13.300 } 4 sièges
— C .... 22.000 : 1 siège
— D .... 5.700 : 0 siège

Il reste à répartir les 4 sièges entre les listes A et B par le procédé des moyennes, conformément à l'article 22 du projet de la Chambre :

Liste A .... 31.500 $(0+1)=$ 31.500
— B .... 13.300 $(0+1)=$ 13.300

La liste A a le premier siège.

Liste A .... 31.500 $(1+1)=$ 15.750
— B .... 13.300 $(0+1)=$ 13.300

La liste A a encore le second siège.

Liste A .... 31.500 $(2+1)=$ 10.500
— B .... 13.300 $(0+1)=$ 13.300

Le troisième siège est à la liste B.

Liste A .... 31.500 $(2+1)=$ 10.500
— B .... 13.300 $(1+1)=$ 6.650

Le quatrième siège est à la liste A.

Remarque très importante : on remarquera que la liste B, qui n'atteint pas le quotient, a néanmoins un siège, parce qu'elle est apparentée. J'ai indiqué dans mes précédents articles que l'apparentement serait une duperie, s'il ne comportait pas cet avantage pour les listes les plus faibles.

2e cas : pas d'apparentement

Liste A .... 31.500 suffrages
— B .... 13.300 —
— C .... 22.000 —
— D .... 5.700 —

Aucune liste n'ayant la majorité absolue, il n'y a pas lieu d'appliquer le deuxième paragraphe.

En vertu du troisième paragraphe, la liste A ayant 2 fois le quotient, je lui attribue deux sièges. Il reste 2.500 suffrages inutilisés.

La liste B n'obtenant pas le quotient,

il n'y a lieu a aucune attribution. Ces
13.300 voix restent inutilisées.

La liste C contenant une fois le quotient, je lui attribue un siège. Il reste
7.500 suffrages inutilisés.

La liste D n'a pas de siège Il reste
5.700 voix inutilisées.

Il s'agit de répartir les deux sièges
à pourvoir, en vertu du paragraphe 5.

Liste A .... 31.500 : (2+1)= 10.500
  —   B .... 13.300 : (0+1)= 13.000
  —   C .... 22.000 : (1+1)= 11.000
  —   D ....   5.700 : (0+1)= 5.700

La liste B, ayant la plus forte moyenne, obtient un siège.

Puis vient la liste C, qui obtient le
dernier siège à pourvoir.

Le résultat définitif est le suivant :

Liste A .... 31.500 voix : 2 sièges
  —   B .... 13.300 — : 1 siège
  —   C .... 22.000 — : 2 sièges
  —   D ....   5.700 — : 0 siège

Ici se placent deux remarques très
importantes : la première, c'est qu'une
liste isolée, qui n'atteint pas le quotient,
obtient cependant un siège, comme si
elle était apparentée ; la seconde, c'est
qu'une liste qui a 22.000 votants (C)
obtient exactement autant de sièges (2)
qu'une liste A, qui a 31.500 voix et qui
ne gagne par conséquent rien à arriver en tête avec un avantage de 9.500
voix sur la liste C, la plus favorisée
après elle.

De telles anomalies condamnent le
système de la Chambre et appellent des
corrections profondes.

Elles font l'objet du texte que nous
proposons de lui substituer..

Rappelons-en les dispositions.

Article premier

1° La commission détermine le quotient électoral en divisant le nombre total des votants par le nombre des députés à élire dans la circonscription.

2° La majorité absolue du nombre des sièges est attribuée d'abord à la liste ou au groupement de listes ayant obtenu la majorité absolue des votants. Si ce nombre de sièges est inférieur à celui que la majorité absolue obtiendrait par le quotient, on lui attribue autant de sièges qu'elle contient de fois le quotient.

3° Chacune des autres listes ou chacun des autres groupements de listes reçoit autant de sièges que le nombre de ses suffrages contient de fois le quotient électoral.

4° S'il reste encore des sièges à pourvoir, ils sont attribués à la liste ou au groupement de listes ayant obtenu la majorité absolue.

Article 21 bis (nouveau)

1. La majorité relative du nombre des sièges au minimum est attribuée aux listes ou au groupement de listes ayant obtenu la majorité relative des votants.

2. Dans ce cas, chaque liste ou groupement de listes reçoit d'abord autant de sièges que le nombre de ses suffrages contient de fois le quotient électoral. Les sièges restants sont attribués à la majorité relative.

3. S'il ne reste pas de sièges à pourvoir et si la majorité relative n'a pas obtenu un siège de plus que la plus favorisée des autres listes, un siège est retranché à la liste ou au groupement

de listes ayant obtenu le moins de voix pour être attribué à la majorité relative.

Appliquons ces textes aux chiffres précédents.

Premier cas : Apparentement
72.500 votants. — 5 députés à élire
Quotient électoral : 14.500

Liste A	....	31.500 voix
— B	....	13.300 —
— C	....	22.000 —
— D	....	5.700 —

Les listes A et B sont apparentées et réunissent 44.800 suffrages, c'est-à-dire la majorité absolue.

Je leur attribue d'abord 3 sièges, en vertu du 2e paragraphe de l'article 21 modifié.

La liste C contient une fois le quotient et obtient un siège. La liste D n'en obtient aucun.

Il reste un siège à pourvoir. Je l'attribue d'office, en vertu du paragraphe 4 du même article, au groupement de listes A et B, qui a obtenu la majorité absolue.

Le résultat est le suivant :

Liste A	....	31.500	4 sièges
— B	....	13.000	4 sièges
— C	....	22.000	1 siège
— D	....	5.700	0 siège

La répartition se fait par le procédé des moyennes entre les listes A et B et donne 3 sièges à la liste A et 1 siège à la liste B.

Remarque très importante :

On constate que, dans le cas de majorité absolue par l'apparentement, le texte de la Chambre et celui que je propose conduisent exactement au même résultat. Mais le texte de la Chambre n'y conduit que par le procédé des moyennes. Il pourrait être différent, si les chiffres de la majorité absolue variaient, sans cesser de constituer la majorité absolue. Si une liste isolée obtenait cette majorité absolue, elle ne bénéficierait pas nécessairement des sièges restants, qui pourraient être attribués, par le jeu des moyennes, à des listes n'atteignant pas le quotient.

Notre paragraphe 4 a pour but de garantir dans tous les cas le bénéfice de ces sièges à la majorité absolue, sans qu'ils puissent jamais aller à une liste de minorité inférieure à un ou plusieurs quotients correspondant à un nombre égal de sièges.

Deuxième cas : Pas d'apparentement

Liste A	31.500	voix
— B	13.300	—
— C	22.000	—
— D	5.700	—

Il n'y a pas de majorité absolue pour une liste isolée.

J'applique le paragraphe de l'article 21 bis.

La liste A, qui contient 2 fois le quotient, obtient d'abord 2 sièges.

La liste B n'en obtient pas.

La liste C, contenant une fois le quotient, obtient 1 siège.

Il reste deux sièges à pourvoir. Je les attribue, en vertu du même paragraphe, à la liste A.

Le résultat est le suivant :

Liste A	31.500	4 sièges
— B	13.000	0 siège
— C	22.000	1 siège
— D	5.700	0 siège

On remarque que la liste A, isolée, n'ayant obtenu que la majorité relative,

obtient autant de sièges que les deux
listes A et B groupées par l'apparentement et obtenant la majorité absolue
Cela peut paraître exorbitant. Mais il est
permis de remarquer que le scrutin majoritaire actuel, au deuxième tour de
scrutin, attribuerait non pas 4, mais 5
sièges, c'est-à-dire la totalité à la liste
A, parce qu'elle arrive en tête.

La liste A, dans notre système ne revendique pas ces 4 sièges en vertu du
principe énoncé au paragraphe 1er, en
faveur de la majorité relative, mais sim-
plement parce que la liste C, ne contenant qu'une fois le quotient, ne peut
pas prétendre à un second siège.

Pour obvier à cet inconvénient de
l'attribution de la presque totalité des
sièges à une forte majorité relative
d'une liste isolée, l'apparentement s'im-
poserait aux autres listes. Par exemple
la liste B et la liste C auraient, en se
groupant, mis la liste A en minorité.
Elles n'auraient pas atteint la majorité
absolue ; mais le chiffre de 35.300 suffrages, contenant deux fois le quotient
leur assurait deux sièges d'abord, en
vertu du paragraphe 2, puis un troisième en vertu du paragraphe premier,
qui consacre le droit de la majorité relative à un siège de plus que la liste
la plus favorisée après elle .

Le résultat eût été bien différent :

Liste A .... 31.500 : 2 sièges
  — B .... 13.300 : 3 sièges
  — C .... 22.000 : 3 sièges
  — D .... 5.700 : 0 siège

La comparaison de ces deux résultats
démontre jusqu'à l'évidence la vertu de
l'apparentement.

IX

Conclusion

Nous n'avons pas la prétention de régler toutes les questions que soulève l'application de la R. M. Certaines de ces questions se poseraient aussi bien avec le scrutin de liste pur et simple et même avec le scrutin uninominal : telle la détermination du nombre des députés selon le chiffre des habitants ou selon le chiffre des inscrits. On peut différer d'avis sur ce point et même en changer plusieurs fois sans péril.

Le reproche que l'on adresse à la R. M. de pousser à la lutte sournoise entre les candidats de la même liste est sérieux : il n'est peut-être pas impossible d'y échapper partiellement en prescrivant les listes incomplètes.

Mais le scrutin de liste pur et simple est-il donc exempt de marchandages et ne pourrait-on pas citer des élections sénatoriales dans lesquelles des ententes suspectes se sont nouées entre des candidats de listes différentes ? Pourquoi mettre au compte d'une réforme les méfaits de l'éternelle malice humaine ?

On s'est beaucoup moqué des suppléants. On pourrait les défendre en raison de la courte durée du mandat législatif. Croit-on sérieusement que les élections partielles survenues dans un cycle très restreint aient une significa-

tion décisive ? Et croit-on l'électeur
français si avide de manifestations électorales à jet continu ? N'importe, si
l'immolation des suppléants doit apai-
ser l'humeur sarcastique des adversaires de la réforme, nous leur sacrifions
d'avance ces tristes victimes.

A quoi bon répondre à d'autres griefs?
Certains journaux en ont dressé le ca-
talogue sous la forme d'un acte d'accu-
sation contre la R. P.

La seule réflexion qu'ils m'inspirent,
c'est qu'on pourrait prononcer le même
réquisitoire, dans la même forme précise et passionnée, mais avec des argu-
ments contraires, contre le régime électoral actuel. Le temps, l'habitude, l'ex-
périence émoussent peu à peu les traits
de la critique.

C'est une question de mise en marche et de mise au point.

Ce sont là problèmes de moindre importance, qui ne doivent pas nous faire
perdre de vue la décision à prendre, la
responsabilité à assumer.

La vraie question est de savoir si les
républicains, après avoir disserté et dis-
cuté, sauront prendre un parti, s'ils auront le courage d'esprit nécessaire pour
juger, la volonté de voir le problème
bien en face et de le résoudre en pleine
clarté.

Il s'agit de savoir si les majoritaires
républicains auront assez de sagesse
pour admettre une dérogation à la loi
des majorités et si les proportionnalistes républicains auront assez de clair-
voyance pour ne point servir les des-
seins de ceux qui, par la R. P., visent

à la ruine du principe majoritaire lui-
même.

Si le principe de justice, si la **pensée**
d'une concession équitable à un droit
nouveau ne touche pas les premiers,
qu'ils écoutent au moins la voix de l'intérêt et qu'ils brisent aux mains des dis-
sidents l'arme redoutable des coalitions,
dont ils ont si souvent éprouvé les bles-
sures.

Les seconds n'auront pas de peine à
démêler ce qu'il y a de fondé dans les
revendications des minorités et ils dis-
tingueront les prétentions hypocrites
des réclamations de bonne foi.

S'ils n'ont pas laissé obscurcir dans
leur esprit la notion du régime démocratique, s'ils restent attachés à cette
loi du plus grand nombre, qui est la
base de la souveraineté nationale, ils ne
peuvent accepter qu'une réforme qui
sauvegarde et fortifie l'action des majorités homogènes, sans lesquelles un
gouvernement d'opinion est impossible.

La R. P. pure et simple conduirait fa-
talement à l'émiettement des partis. Aucun grand courant d'opinion ne sorti-
rait de la consultation nationale et le
Parlement présenterait l'aspect de petits
groupes disparates que les hasards de
l'arithmétique auraient juxtaposés sans
aucune soudure.

Le système que nous avons exposé ne
peut que fortifier le principe majoritaire. Car il affirme les droits spéciaux des
majorités et, en assignant aux électeurs
républicains la conquête de la majorité
absolue ou relative, il stimule leur élan
et resserre entre eux les liens de la discipline.

Par la R. M., il les met à l'abri des coups de surprise, en ôtant aux minorités puissantes l'intérêt des manœuvres obliques et en leur rendant la conscience de leur force en même temps que la notion de la probité politique.

Par l'apparentement, qui intéresse au plus haut point les partis de majorité, la vieille discipline républicaine connaîtra un renouveau de faveur et réalisera l'unité de la doctrine dans la variété des nuances.

On a reproché à la R. M. de rallumer dans chaque circonscription un foyer de réaction, alors que plusieurs paraissaient s'être éteints. Je pense que ce n'était là qu'une illusion et que ces forces ne restaient pas inutilisées dans les batailles électorales. Je me réjouis de les revoir au grand jour. Elles nous rendront le service de maintenir l'union entre les républicains par la vue du péril toujours présent et par l'obligation de faire toujours face à l'ennemi.

Quelle injure au parti républicain, si on le soupçonnait de manquer de vaillance et de n'aimer la bataille des idées que dans le silence de la contradiction, dans l'abdication des vaincus !

L. LAFFERRE,
Député, ancien Ministre.

Paris, Imprimerie ALCAN-LÉVY, 117, rue Réaumur.